Die Hochzeit in Kana

AF178422

Reihe: Was uns die Bibel erzählt

Zwei Menschen heiraten.
Das gibt ein großes Fest.

Jesus und seine Jünger kommen zum Fest.
Maria ist auch da, die Mutter von Jesus.

Auf einmal geht der Wein aus.

Maria sagt zu Jesus:
Sie haben keinen Wein mehr.

Jesus sagt: Warte!
Es ist noch nicht die rechte Zeit.

Seine Mutter sagt zu den Dienern:
Tut alles, was Jesus sagt!

Da stehen sechs große Steinkrüge.

Jesus sagt zu den Dienern:
Füllt die Krüge mit Wasser.

Sie füllen sie bis zum Rand.

Dann sagt er zu ihnen:
Schöpft einen Becher voll
und bringt ihn dem Wirt.
Sie machen es.

Der Wirt probiert davon.
Er wundert sich:
Woher kommt der gute Wein?
Die Diener wissen es.
Das Wasser ist zu Wein geworden.

Der Wirt ruft den Bräutigam und sagt: Jeder gibt zuerst den guten Wein und dann den schlechten.

Du aber hast es umgekehrt gemacht.

Alle sind fröhlich.

Die Jünger sagen:
Jetzt sehen wir: Jesus kommt von Gott.

Nachwort für die Erwachsenen

Das Wunder der Verwandlung von Wasser in Wein bereitet manchen Schwierigkeiten. Wie bei der wunderbaren Brotvermehrung (der Speisung der Fünftausend) fragen sich die einen, ob man das denn wirklich glauben könne. Andere, gerade fromme Menschen, nehmen Anstoß daran, dass Jesus die Hochzeitsgesellschaft ausgerechnet mit Wein versorgt – und auch noch in solchen Mengen (der Bibeltext spricht von sechshundert Litern).

Schon die frühen Ausleger, die »Kirchenväter«, haben erkannt, dass man diese Geschichte als Sinnbild sehen muss. Hochzeit, Wein und überschäumende Freude, das sind seit dem Alten Testament Bilder für die kommende Heilszeit, wenn Gott sein Reich aufrichtet und alles Leid überwunden ist. In geradezu drastischen Farben wird das bei Jesaja geschildert (Kapitel 25,6-8a):

Auf dem Zionsberg wird der Herr der Welt für alle Völker ein Festmahl geben mit feinsten Speisen und besten Weinen, mit kräftigen, köstlichen Speisen und alten, geläuterten Weinen. Hier wird er den Trauerflor zerreißen, der allen Völkern das Gesicht verhüllt, er wird das Leichentuch entfernen, das über den Nationen liegt. Den Tod wird er für immer vernichten und von jedem Gesicht die Tränen abwischen.

Jesus will also nicht einfach den Brauteltern aus einer Verlegenheit helfen. (Sie treten im Übrigen in der Geschichte gar nicht auf; an ihrer Stelle steht der »Wirt«, der als Freund des Bräutigams für den Festablauf verantwortlich ist.) Wenn Jesus Wasser in Wein verwandelt, dann will er damit sagen: Jetzt, mit seinem Kommen, bricht die Heilszeit an. Zwar ist es noch nicht so weit, dass alle Tränen abgewischt werden; aber die neue Zeit der Freude hat schon begonnen.

Auf das »Noch-nicht« weist die merkwürdige Antwort an Maria: »Meine Zeit (oder Stunde) ist noch nicht da.« Später im Evangelium macht Jesus deutlich, dass seine »Stunde« die Stunde des Todes am Kreuz ist. Dann wird die wahre Quelle der Freude sichtbar werden: Jesus gibt sein Leben dahin für die Überwindung von Schuld, Leid und Tod. Wenn er mit dem Wein des Abendmahls den Jüngern sein Blut, die Frucht seines Sterbens, reicht, ist der tiefste Sinn des Weinwunders von Kana erfüllt. So weist schon das erste Wunder, das Jesus vollbringt, auf das Ziel seines Lebens und Sterbens hin.

Die Kinder, die mit dieser Geschichte noch kaum Probleme haben, brauchen diesen tiefen Sinn nicht zu kennen. Für sie ist es wichtig zu wissen, dass Jesus nicht nur die Leiden, sondern auch die Freuden unseres Daseins teilt. Jesus nachfolgen, das lernen sie mit den Jüngern, führt in ein erfülltes, freudevolles Leben.

Die Geschichte von der Hochzeit in Kana steht im Evangelium (der Guten Nachricht) nach Johannes in Kapitel 2, Vers 1-11.

Reihe: »Was uns die Bibel erzählt«

Im kleinen Format wie das vorliegende Bilderbuch sind folgende Geschichten erschienen: